अमलताश

एक सुनहरा सफर

Mugdha Gadgil-Bopardikar

BookLeaf Publishing

India | USA | UK

Made with ❤ on the BookLeaf Publishing Platform
www.bookleafpub.in
www.bookleafpub.com

Dedication

Dedicated to my parents; *Aai-Baba*; who have raised me with a pride, pure joy and strong values!

Preface

This book is all about capturing emotions through poetry. I always love to express emotions through my writings and this is the exact opportunity I have recieved. I feel so previledged and lucky to start my Author journey by writing poems in Hindi language . I always write poems in Marathi as it is my mother tongue so this was a real challenge for me. Now, I can proudly say that I also write Poetry in the language which is known as Official Language of India. The journey begins where comfort ends. I have started mine and I promise myself and you all that I will keep my passion of writing always with me and will fly high!!!

Thank you!!!

Acknowledgements

I would like to thanks my family ; my husband and Parents in-law who always support me to explore new things.
I would also like to thank Mrs. Ashlesha Dekhane who helped me to give final touch and also guided me in improving the language. At the end,I sincerely thank to Bookleaf Publications who gave me the opportunity to live my dream of being an Author of my first Hindi poetry book.

1. कुछ तो नहीं बदला

कुछ तो नहीं बदला ...
ना तुम ना मैं...
ना जमीन ना आसमान
ना सूरज ना चांद
बदला है तो जमाना....
और मुश्किल यही है कि जमाने के साथ बदलते जाना!!
और बदलने के बाद भी ......
बदलने के बाद भी खुद को आजमाना
कुछ भी तो नहीं बदला.....

बदल गई है परिभाषा... सुख और दुख की
सच और झूठ की
सही और गलत की
खुदकुशी और आफत की
और मुश्किल यही है कि परिभाषा के साथ बदलते जाना....
और बदलने के बाद भी खुद को आजमाना ...

कुछ भी तो नहीं बदला
बदल गये हैं सपनें
और थोड़े से बदल गये हैं अपने

और मुश्किल यही है कि अपनों के साथ बदलते जाना
और बदलने के बाद भी अपनों को ही अपनाना

कुछ तो नहीं बदला...!!!

2. ऐसें क्यूँ???

ऐसें क्यूँ???

कभी कभी मुझे ऐसें लगता हैं
की मैं क्यूँ इतनी जिद्दी हुं?!
मेरे सपने क्यूँ बडे है ?
मुझे छोटी छोटी बातों से क्यूँ खुशी नही होती है ?
जो मेरे पास है उतने में क्यूँ खुश नही रहती हुं?!

क्यूँ मेरे सीर पे बोझ हैं
अपने ही सपनोंका
अपने ही उम्मीदों का
खुद के ही सफर का
सबका .....और खुद का .....
एक सीधीसाधी जिंदगी बताना क्या इतना मुश्किल होता है...?!

मैं क्यूँ नहीं खुश रह सकती सिर्फ घर का खाना बनाके,
मैं क्यूँ नहीं खुश रह सकती अपने ही घर में अपनी एक दुनिया बसा
के
मैं क्यूँ नहीं खुश रह सकती बस अपनों के पास रहके ....?

जो जिद्दी होते हैं ना उनको कभी मौका नहीं मिलता

और जिनको वह मिलता हैं उनकी जीत नहीं होती है ....!

क्या यही जिंदगी का मकसद है ?

ऐसें क्यूँ???

3. बातें

आओ, बैठकर थोडी **बातें** करते हैं
अनकही अनसुनी....
प्यार भरी दर्द भरी!

चलो,
शुरू से शुरुआत करते हैं
फिर से मुलाकात करते हैं
लफ्ज़ नहीं मिले तो ठीक , आँखो ही आँखों मे बात करते हैं...

चलो,
एक दूसरे पर भरोसा करते हैं
हर पल अनोखा करते हैं
सुकून मिले न मिले , आपस में समय तो गुजार लेते हैं...

चलो,
एक दूसरे का सुख दुख बांटते हैं
एक दूसरे का साथ देते हैं
फिर से ऐसा मौका मिले ना मिले, इस वक्त को यादगार बनाते हैं...

4. वक्त

वक्त

किसी के लिये नहीं रुकता
किसी के आगे नहीं झुकता
सब के पास होता फिर भी
सबको कभी न मिल पाता...

किसी के लिये बुरा होता
किसी के लिये अच्छा
किसी के पास हो कम,
तो किसी के पास ज्यादा...

किसी के हाथ नहीं लगता
किसी का साथ नहीं छोडता
तुम कितने भी ताने मारो ,
वो तुम्हीं पर भारी पडता...

माना के वक्त वक्त की बात है
माना के ठंडी आधी रात है
थोडा वक्त तो निकाल कर देखो

पता चलेगा कि
यही तो सच शुरुआत है ....!!!

5. प्यार

हां मुझे प्यार हो गया है तुमसे
पता नहीं कैसे??!!

खुद को आइने में देखती हूं तो लगता है ,तुम पास हो
खुद से बातें करती हूं तो लगता है ,तुम कुछ खास हो

अच्छा लगने लगा है अब सजना संवरना
प्यारा लगने लगा है फूलों का डंवरना
नींदें उड गई हैं अब
दिन बन गये हैं गुम से
हां मुझे प्यार हो गया है तुम से

लगता नहीं अब डर किसी बात का
प्यारा लगता है वक्त तुम्हारे साथ का
निगाहें मिली हैं जो
तुम्हारी निगाहों से
हां मुझे प्यार हो गया है तुम से

पलकें झपकते ही तुम याद आते हो
दिल को बस तुम ही भा जाते हो

दिल ने ये कहा है दिल से
हां मुझे प्यार हो गया है तुम से ..!!!

6. गुमसुम

कुछ **गुमसुम** सी रही हैं मेरी ख्वाहिशें ,
डर लगता है किसीको पता ना चले।

कुछ मासूम सी रही हैं आदतें मेरी ,
डर लगता है किसी को खता ना लगे

कुछ बेमालूम से रहे हैं इरादे मेरे,
डर लगता है किसी को बुरे ना लगे

कुछ बेकसूर रहे हैं सपने मेरे ,
डर लगता है किसी की नज़र ना लगे

कुछ फितूर रहे हैं अरमान मेरे ,
डर लगता है किसी को खबर ना लगे

कुछ बेक़रार रहे हैं ख्वाब मेरे ,
डर है मुझे खामोश ना करे

कुछ तो जरूर हो रहा है मुझे ,
डर लगता है कभी मुझे ही ना पता चले!!!!

7. हम बड़े हो जाते हैं ...!

समय बीत जाता है और हम बड़े हो जाते हैं ...!

पुराने सुख- दुख , दोनों छोटे लगने लगते हैं
गयी गुजरी बातों पे अब हम हंसने लगते हैं
खुद की हुई भूलों को लेकर हम खुद पर ही तरस खाते हैं
समय बीत जाता है और हम बड़े हो जाते हैं ...!

छोटे छोटे पल अब याद नहीं रहते
अधूरे सपने अब आवाज नहीं लगाते
दिल की कोई बात दिल ही में रख के ,
समय बीत जाता है और हम बड़े हो जाते हैं ...!

खुशियों का दायरा बदलता जाता है
रिश्तों का वादा बिखरा जाता है
जिंदगी की भागदौड में हम गोते खाते रहते हैं
समय बीत जाता है और हम बड़े हो जाते हैं ...!

8. कीमत

कीमत

चाहे चीजों की हो, या लोगों की
सबको देनी पडती है
चाहे सस्ती हो या महंगी
सबको चुकानी पडती है
चाहे नकली हो या असली
सबको लगानी पडती है
चाहे अरमानों की या ख्वाबों की
दाव पे लगाने पडती है
चाहे मंजिलों की या राहों की
सबको समझनी पडती है

बहुत कीमती होती है ये कीमत...
जिस को चुकाते चुकाते पूरी जिंदगी गुजर जाती है.....!

9. जिद्दी

कभी कभी मुझे ऐसे लगता है
कि मैं क्यूँ इतनी **जिद्दी** हूं ?!
मेरे सपने क्यूँ बडे हैं?
मुझे छोटी छोटी बातों से क्यूँ खुशी नही होती है ?
जो मेरे पास है उतने में क्यूँ खुश नही रहती हूं ?!

क्यूँ मेरे सिर पे बोझ है
अपने ही सपनोंका
अपनी ही उम्मीदों का
खुद के ही सफर का
सबका .....और खुद का .....
एक सीधीसादी जिंदगी बिताना क्या इतना मुश्किल होता है...?!

मैं क्यूँ नहीं खुश रह सकती सिर्फ घर का खाना बना के,
मैं क्यूँ नहीं खुश रह सकती अपने ही घर में अपनी एक दुनिया बसा के
मैं क्यूँ नहीं खुश रह सकती बस अपनों के पास रहके ....?

जो जिद्दी होते हैं ना उनको कभी मौका ही नहीं मिलता
और जिनको वह मिलता है उनकी जीत नहीं होती है ....!

क्या यही जिंदगी का मकसद है ?
ऐसा क्यूँ???

10. मुट्ठी भर

मुट्ठी भर अच्छे लोगों से ही दुनिया चलती है
मुट्ठीभर अच्छे सोचों पे ही दुनिया बसती है
कई आते हैं
सबकुछ उथल -पुथल कर चले जाते हैं
मुट्ठीभर चीजों से ही दुनिया संवरती है

कई लोग आते हैं
बेइमानी करके ईमान खोते हैं
सच्चे हर एक ख्वाब को बेजुबान कर देते हैं
तूफान आते हैं दास्तान सुनाते हैं
झूठे अरमान उनके यूंही जीत जाते हैं

फिर आता है एक सच्चा दिलवाला
हाथों से अपनी तकदीर लिखने वाला
वो भी उथल -पुथल करता है ,पर नेक काम करके;
बिना कुछ फायदे का एक दाम मांग के
क्योंकि
मुट्ठीभर अच्छे लोगों से ही जहां चलता है
मुट्ठी भर अच्छे लोगों की उम्मीद सजाता है
मैं तैयार हूं उन में से एक बनने के लिए

क्योंकि

.

.

.

.

मुट्ठीभर अच्छे लोगों का साथ ही हमेशा सही राह पे ले जाता है...!

11. साथ

साथ

कितना खूबसूरत शब्द है ना?!
किसी के ' **साथ** ' होना
किसी का ' **साथ** ' देना...!!!

आनेवाले 'कल' को होता है 'आज' का साथ
हर सुनहरी सुबह को होता है चांदनी रात का साथ
पंछियों को आसमान का
तारों को चांद का
घने काले बादलों को बरसात का

जब किसी का साथ हो तो लगता है पूरी दुनिया जीत लेंगे
जब किसी के साथ रहो तो लगता है सारी खुशियां मना लेंगे
साथ होना और देना दोनों मुमकिन है
साथ रहना और छोडना दोनों मुमकिन है
किसी के साथ होना
किसी का साथ देना...
दोनों खूबसूरत बात है
और खुद का साथ देना तो सबसे बडी बात है....!!

साथ

कितना खूबसूरत शब्द है !

है ना?

12. वजह

हर किसी चीज की एक **वजह** होती है
हर किसी चीज की अपनी एक जगह होती है

हम रहते हैं अपने ही खयालों में
ढूंढते रहते हैं खुद को अपनी ही निगाहों में
कभी खुद से इश्क बेपनाह होता है
तो उसकी भी एक वजह होती है

समुंदर का गहरा पानी
हर किसी को समझ नहीं आता
हवाओं का बहना
हर किसी को नहीं बहलाता
किसी की जिंदगी भी कुछ इस तरह होती है
हर किसी चीज की एक वजह होती है

13. दिल

आपको एक बात कहूं ?
ये ' **दिल** ' बडा मुश्किल होता है !

कभी हमें हंसाता है कभी रुलाता है
खुद को मुश्किल में डाल के हमें ही सहलाता है
कभी हमें रोकता है तो कभी टोकता है
हमारे ऊपर काबू पा के खुद कहीं भी भटकता है

हसीन सपने दिखाता है
हमारे अंदर एक अलग दुनिया बसाता है
हम जब खुश हो जाते हैं तब
खुद भी खुशी से झूम उठता है

कई रिश्तें बुनता है
बुलंद हौसलें रखता है
जब दिमाग नहीं चलता
तो खुद ही फैसलें लेता है

एक दिल ही होता है
जो बडा शातिर होता है

इसीलिए एक बात कहूं,
ये ' दिल 'बडा मुश्किल होता है....!

14. यादें

यादें....

कभी खुशी की कभी गम की
कभी हंसानेवाली तो कभी रुलानेवाली
कभी किसी की याद दिलानेवाली
यादें....
बचपन के शरारतों की
छोटी छोटी उम्मीदों की
तूफानों की बरसातों की
अपनों की और सपनों की
यादें....
अच्छी और बुरी
पुरानी और नई
तुम्हारी और मेरी
पल पल याद दिलानेवाली....!!

15. जिंदगी

माना के **जिंदगी** बडी मुश्किल है
पर सच्चे दिल से सजी हुई एक महफिल है
क्या भरोसा कब ये जिंदगी हमसे दूर चली जाये
खुशी खुशी हासिल करने की यह एक सबसे बडी मंजिल है!

जिंदगी एक वादा है खुद का साथ देने का
बस नेक इरादा है खुद से मोहब्बत करने का
सुख दुख बांटकर ,रिश्तों को निभाकर
जिंदगी एक मौका है खुद को आजमाने का

माना के जिंदगी बडी मुश्किल है
फिर भी आसानी से होती हासिल है
क्या भरोसा कब ये जिंदगी हमसे दूर चली जाये
उसे जीने की तमन्ना रखने वाला ही उसके लिए काबिल है!!!

16. पुराने दिन

तुम चाहे कितने भी कोशिश करो
पुराने दिन वापस नहीं आते !

सालों बीत जाते हैं
कई सूरज उगते हैं
तुम चाहे कितनी भी कोशिश कर लो
पुराने लम्हें वापस नहीं आते

हमारी जिम्मेदारियां बढ जाती हैं
सारी जिंदगी ही बदल जाती है
तुम चाहे कितनी भी कोशिश कर लो
पुराने हम वापस नहीं आते

हम आगे बढते रहते हैं
सपनों के रास्ते पे चलते रहते हैं
तुम चाहे कितनी भी कोशिश कर लो
पुराने दिन वापस नहीं आते .....!

17. सजा रही हूँ ख़्वाब मेरे

सजा रही हूँ ख़्वाब मेरे
लेके तारे और चांदनी
मुस्कान हो चेहरे पे
जैसे शरारत कोई अनसुनी

दिल बहला जाये सुनहरी यादों के साथ
रौनक आ जाये चेहरे पे बदल के पूरी कायनात
रंग भरे बादल छाये ,छलके नदिया का पानी
सजा रही हूँ ख़्वाब मेरे लेके तारे और चांदनी

मुस्कुराहटें मेरी मुझसे ही लिपट -सी गयीं
रंगीन दुनिया मेरी ,मुझमें ही सिमट सी गयी
हाथों की लकीरों से लिखूँगी एक नई कहानी
सजा रही हूँ ख़्वाब मेरे लेके तारे और चांदनी....!!

18. एहसास

एहसास

पहले प्यार का एहसास
पहली बारिश की बूँद का एहसास
फूलों की खुशबू का एहसास .....

एहसास जो बहोत खूब होता है
एहसास जो रू-ब -रू होता है
एहसास जो बहोत कुछ सिखाता है
एहसास जो बहुत कुछ जताता है

एहसास का एहसान रखो
एहसास की एक पहचान रखो
खुश किस्मत हैं हम कि एहसास को
महसूस कर सकते हैं
एहसास को खास कारवाँ समझो.....!!!

19. वो भी क्या दिन थे.....

वो भी क्या दिन थे.....

जब हम गहरी नींद सोते थे
सूरज माथे पे चढता था तब ही उठते थे

जब छुट्टियों में हम गाँव चले जाते थे
नये दोस्त बनाके या यादों का पिटारा साथ ले आते थे

माँ का आँचल पकडते घर भर घूमते थे
दादी की गोद में बैठकर कहानियां सुना करते थे

पहली बारिश में भीगते थे
कागज की नाँव बनाकर खुश होके तालियाँ बजाते थे

वो भी क्या दिन थे.....
हम अपनी दुनिया में ही खुश थे
और अपनों के साथ रह कर अपना घर बसाते थे....

20. उम्मीदें

उम्मीदें

उम्मीदों का कोई मोल नहीं होता
क्यूँकि वे अनमोल होती हैं!

जब सब कुछ खत्म-सा होने लगता है,
तो उम्मीद ही हमें सम्भालती है
जब सब जगह अंधेरा छाने लगता है
तो उम्मीद ही उजाला देती है

उम्मीदों को बरकरार रखते
उम्मीदों को हर पल जीते
उनके साथ
हँसना सीखो
क्यूँकि
उम्मीद पे दुनिया कायम है ...!!

21. सपना

मैं हर रोज देखती हूँ एक नया सपना
जिसमें सजाती रहती हूँ एक नया अरमान अपना...

लोग अकसर कहते हैं कि सपने देखने के कोई पैसे नहीं लगते
मैं कहती हूँ,सपने पूरे करने के भी कोई ज्यादा पैसे नहीं लगते
लगती है ,तो सिर्फ हिम्मत
रोज एक नया सपना देखने की
लगती है तो सिर्फ ताकद
उसको पूरा करने की
और जब तुम्हारे इरादे साफ हो ना
तो लगती है शिद्दत
उनको सच्चा करने की....
हां ,मैं हर रोज देखती हूँ एक नया सपना !
जिस में सजाती रहती हूँ एक नया अरमान अपना !

मुझे सपनों से कोई शिकायत नहीं
सपनों के अलावा मेरी कोई अमानत नहीं
जिनके बिना मेरी जिंदगी की
कोई अहमियत नहीं...

www.ingramcontent.com/pod-product-compliance
Lightning Source LLC
Chambersburg PA
CBHW070653240926
51846CB00003BA/896
9789372132700